Spanisch – jetzt in Comics

Ihre erworbenen Sprachkenntnisse können Sie mit folgenden Titeln aus unserem Programm gezielt ausbauen:

Vier Titel dieser Liste gibt es auch als Sprachkurse mit Audiocassetten, nämlich:

Spanisch –
jetzt in Comics

Von Diethard Lübke
mit Zeichnungen von Theo Scherling

humboldt-taschenbuch 581

Umschlaggestaltung: Christa Manner, München
Umschlagzeichnung: Theo Scherling, München
Zeichnungen im Innenteil: Theo Scherling, München

Wichtiger Leserhinweis:

Bewußt wollen wir Sie in diesem allerersten Grundkurs noch nicht
mit grammatischem Spezialwissen belasten.
Auch haben wir versucht, die Lautschrift – Sie finden Sie in den
Lektionen mit Grauraster unterlegt – auf die einfachste Schreib-
weise zurückzuführen. Fett gedruckte Silben werden betont.

Sie lernen unter anderem auch dadurch, daß Sie die Sprechblasen
selbst mit spanischen Sätzen ausfüllen. Jeder Strich bedeutet einen
Buchstaben. In den ersten Bildern der ersten Lektion haben wir es
Ihnen vorgemacht.
Um Ihnen zu helfen, haben wir oft die deutschen Texte *dem spanischen Satzbau angeglichen*. Das Deutsche klingt dadurch manchmal
etwas unbeholfen, ist aber bewußt so formuliert!

Die verschiedenen eingestreuten Reiseinformationen entsprechen
dem Stand von 1988. Sie wurden vom Autor und Verlag sorgfältig
überprüft. Eine Gewähr kann jedoch nicht übernommen werden.

© 1988 by Humboldt-Taschenbuchverlag Jacobi KG, München
Druck: Presse-Druck, Augsburg
Printed in Germany
ISBN 3-581-66581-6

Inhalt

Hola, señora – hola, señor,

ich freue mich, daß Sie anfangen wollen, Spanisch zu lernen, und beabsichtigen, in unser schönes **España** zu kommen.

Viele Touristen aus **Alemania, Austria** und **Suiza** kommen jedes Jahr zu uns, weil sie lieben **el sol, el vino, la playa** und vieles andere.

Wenn Sie **un poco** Spanisch können, hilft Ihnen das sehr, Ihre Wünsche in typischen Situationen zu sagen – und Sie zeigen uns, daß Sie uns mögen: Ihre Versuche, Spanisch zu sprechen, werden Ihnen überall Sympathie einbringen.

Dieser unterhaltsame und informative Einstieg in die Sprache verlangt von Ihnen nicht, daß Sie Vokabeln »pauken« und Grammatik »büffeln« wie in der Schule.

Er bereitet Sie nicht auf einen Test vor, sondern will Ihnen – bei geringeren Anforderungen – einfach nur mehr Urlaubsfreude vermitteln. Machen Sie es sich bequem, nehmen Sie einen Bleistift zur Hand. Sie werden sehen: Spanisch zu lernen kann sehr lustig sein, kann viel Spaß machen.

Damit Sie schnell in Übung kommen, haben wir Sprechblasen zum Ausfüllen vorbereitet. Jeder Strich bedeutet einen Buchstaben.

Und hier schreibe ich Ihnen ein paar wichtige Wörter gleich auf. In den eckigen Klammern steht die Aussprache:

Buenos días	[**bue**nos **di**as]	*Guten Tag (bis zum Mittagessen)*
Buenas tardes	[**bue**nas **tar**des]	*Guten Tag (nach dem Mittagessen)*
Hola	[**o**la]	*Hallo*
Adiós	[ad**jos**]	*Auf Wiedersehen*
Gracias	[**grath**jas]	*Danke*
Sí	[si]	*Ja*
No	[no]	*Nein*

Aussprache:		
tiket	el ticket	*das Ticket*
tome su tiket	tome su ticket	*nehmen Sie Ihr Ticket*
theda el pa**so***)	ceda el paso	*Vorfahrt gewähren*
gasolina	la gasolina	*das Benzin*
gasolina super	gasolina super	*Superbenzin*
kuanto	¿cuánto?	*wieviel?*
ljeno	lleno	*voll*
ljeno, por fa**bor**	lleno, por favor	*volltanken, bitte*
pe**se**ta	la peseta	*die Pesete*
mil pe**se**tas	mil pesetas	*1000 Peseten*
thinko*) mil pe**se**tas	cinco mil pesetas	*5000 Peseten*
por fa**bor**	por favor	*bitte*

Autobahngebühren

Auf spanischen Autobahnen wird eine Autobahngebühr (peaje) erhoben. Sie beträgt gegenwärtig ca. DM 0,10 pro Kilometer.

Geschlecht der Hauptwörter

Im Spanischen gibt es zwei Geschlechter; männlich: **el** (Mehrzahl: **los**), weiblich: **la** (Mehrzahl: **las**).

Mehrzahl

Die Mehrzahl wird im Spanischen meist durch die Endung -s angezeigt: la peseta / **las pesetas**.

---

*) **th**: Mit »th« ist ein Lispellaut gemeint, ähnlich dem stimmlosen »th« im Englischen: **th**ing, **th**riller, **th**ank you.
Fettgedruckte Silben werden betont.

1 Auto

Coche 1

Stellen Sie die Reise von Frankfurt nach Valencia zusammen:

————,————,————,————,
————,————,————.

11

abita*th*jon	**la habitación**	*das Zimmer*
una abita*th*jon **doble**	**una habitación doble**	*ein Doppelzimmer*
pre*th*jo	**el precio**	*der Preis*
kual es el **pre***th*jo	**¿cuál es el precio de esta habitación?**	*welches ist der Preis von diesem Zimmer?*
la **tomo**	**la tomo**	*das nehme ich*
dia	**el día**	*der Tag*
para kuantos dias	**¿para cuántos días?**	*für wieviel Tage?*
para *thi*nko dias	**para cinco días**	*für fünf Tage*
buenas tardes	**buenas tardes**	*guten Abend*
sen**jor**	**señor**	*(mein) Herr*
sen**jor**a	**señora**	*(meine) Dame, gnädige Frau*
si	**sí**	*ja*
mui bjen	**muy bien**	*sehr gut*

Hotelklassen

Es gibt 6 Hotelkategorien, von GT und vom 5-Sterne-Hotel bis zur einfachen Residencia. Die Preislisten (mit Precios globales = Inklusivpreisen) sind in der Rezeption und in den Zimmern ausgehängt.

Unter »Paradores« versteht man vormals staatliche Hotels, meist in alten Palästen, Burgen oder Klöstern an landschaftlich besonders reizvollen Stellen. Sie gehören zur Klasse der guten oder sehr guten Hotels.

»Dieser, diese …«

Die hinweisenden Fürwörter sind: männlich = **este** (Mehrzahl: **estos**); weiblich = **esta** (Mehrzahl: **estas**).

Eigenschaftswörter

Die Endungen sind in der Regel: männlich = **o** (Mehrzahl: **-os**); weiblich = **-a** (Mehrzahl: **-as**). Beispiel: bueno, buenos / buena, buenas.

---

*) Die ersten Bilder der jeweiligen Lektion sind nicht mit spanischer Übersetzung auszufüllen.

2 Hotel

14

buenos dias	**buenos días**	*guten Tag*
comedor	el comedor	*der Eßraum*
kafe	el café	*der Kaffee*
kon letsche	café con leche	*Kaffee mit Milch*
te	el té	*der Tee*
pane**thi**ljo	el panecillo	*das Brötchen*
mermelada	la mermelada	*die Marmelade*
mante**ki**lja	la mantequilla	*die Butter*
thumo	el zumo	*der Saft*
thumo de narancha	zumo de naranja	*Orangensaft*
desea usted	¿desea Vd. ...?	*wünschen Sie ...?*
donde esta	¿dónde está ...?	*wo ist ...?*
aki tjene usted	aquí tiene Vd.	*hier haben Sie*
a la deretscha	a la derecha	*rechts*
o	o	*oder*
i	y	*und*

– j –

»j« wird im Spanischen [**ch**] ausgesprochen, wie im Deutschen »ach«, »Dach«, »schwach«.

Vd.

»Vd.« ist die Abkürzung für »**usted**« = Sie.

es/está

Ich bin = **soy/estoy**; er ist = **es/está**; sie sind = **son/están**.
Die Formen **soy, es, son** bezeichnen dauernde Eigenschaften und Zeitbestimmungen. – Die Formen **estoy, está, están** bezeichnen vorübergehende Eigenschaften und Ortsbestimmungen.

17

3 Frühstück

---- ----- --. -- ----,
Hier haben Sie den Kaffee,

--- ----------,
-- ---------
die Brötchen, die Marmelade

- -- ------------.
und die Butter.

¿----- --. ---- -- -------?
Wünschen Sie Orangensaft?

--.
Ja.

→
2 Butter
4 Brötchen
5 Marmelade

↓
1 Milch
3 Tee

Vormittags
Besichtigung des
Prado.
Nachmittags ...

ofi*th*ina de turismo	la oficina de turismo	das Fremden-verkehrsamt
gia	el guía	der Reiseführer (Person)
gia	la guía	der Reiseführer (Buch)
una gia de Madrid	una guía de Madrid	ein Reiseführer von Madrid
museo	el museo	das Museum
museo del **Pra**do	el Museo del Prado	das Prado-Museum
ent**ra**da	la entrada	1. die Eintrittskarte 2. der Eintritt
paseo	el paseo	die Allee
en el paseo	en el paseo	an der Allee
auto**bus**	el autobús	der Autobus
este auto**bus** ba al museo	este autobús va al museo	dieser Autobus fährt zum Museum
no	no	1. nein 2. nicht
no se	no sé	ich weiß nicht
mutschas g**ra**th*j*as	muchas gracias	vielen Dank
de **na**da	de nada	keine Ursache

Museen

Viele Museen sind nur vormittags und am späten Nachmittag (15.00/16.00 − 18.00/19.00 Uhr) geöffnet, montags und am Sonntag-nachmittag geschlossen.

Das **Prado-Museum** (Museo del Prado) gehört zu den bedeutend-sten der Welt. Sie finden dort Gemälde von Raffael, Tizian, El Greco, Velázquez, Rubens, Dürer, Goya, Bosch und vielen anderen. – Eine eingehende Besichtigung würde Wochen dauern.

4 Museum

___ ___ __ _____-,
Einen Reiseführer von Madrid,
___ ____.
bitte.
_____ _____.
Vielen Dank.

__ ____.
Keine Ursache.

¿____ ____
Wo ist
__ _____ ___ ____?
das Prado-Museum?

__ __ _____ ___
____.
An der Prado-Allee.

____ __. __ _____.
Nehmen Sie den Autobus.

¿__ ____ _____
Fährt dieser Autobus

__ _____ ___ ____?
zum Prado-Museum?

__.
Ja.

4 Museum

___ _____, ___ _____.

Eine Eintrittskarte, bitte.

Entrada al Museo CAJA

→
1 Nehmen Sie
5 Hauptstadt von Spanien
6 Eintrittskarte
8 Verkehrsmittel

↓ 2 Museum
3 Name eines Museums in Madrid
4 Reiseführer
7 Fremdenverkehr

25

5 Ein Kaffee   Un café solo

kafe solo	el café solo	der Espresso
bino	el vino	der Wein
*th*igariljo	el cigarrillo	die Zigarette
kalor	el calor	die Hitze
ke kalor a*the*	¡qué calor hace!	welch eine Hitze!
sol	el sol	die Sonne
Espanja	España	Spanien
Alemania	Alemania	Deutschland
aleman	alemán	Deutscher, deutsch
alemana	alemana	Deutsche, deutsch
es usted aleman	¿es Vd. alemán?	sind Sie Deutscher?
soi de Frankfort	soy de Francfort	ich bin aus Frank-furt
adoro	adoro	ich liebe
bonito, bonita	bonito, bonita	schön
tambjen	también	auch

Kaffee

Kaffee gibt es in Spanien nur tassenweise, nicht in Kännchen. **Café solo** wird in kleinen Tassen gereicht, **café con leche** in Normal-tassen.

Tabak

In Spanien wird kaum Pfeife geraucht; daher gibt es keinen Tabak zu kaufen.

---

*) »Die nackte Maja« ist ein berühmtes Gemälde von Goya (1746−1828)

5 Ein Kaffee

gafas de sol	las gafas de sol	*die Sonnenbrille*
kuanto **kues**tan	¿cuánto cuestan	*wieviel kostet*
las **ga**fas de sol	las gafas de sol?	*die Sonnenbrille?*
bolso	el bolso	*die Handtasche*
algo mas	¿algo más?	*noch etwas?*
donde ai	¿dónde hay ...?	*wo ist ...?*
un(a)	un(a)	*ein(e)*
banko de Bilbao	el Banco de Bilbao	*die Bank von Bilbao*
ofi*th*ina de **kam**bjo	una oficina de cambio	*eine Wechselstube*
kam**bjar**	cambiar	*wechseln*
kjero kam**bjar**	quiero cambiar	*ich möchte wechseln*
marko	el marco	*die Mark*
tres*th*jentos **mar**kos	trescientos marcos	*dreihundert Mark*
beinte mil	veinte mil	*zwanzigtausend*
son **bein**te mil	son veinte mil	*es sind zwanzig-*
pe**se**tas	pesetas	*tausend Peseten*
ai	ahí	*dort*
a**djos**	adiós	*auf Wiedersehen*

gafas de sol

Dieses Wort steht immer in der Mehrzahl; ebenso im Französischen: les lunettes und im Englischen: glasses.

doscientos, trescientos ...

Die Hunderter (ab 200) richten sich in ihrer Endung nach dem Geschlecht des Hauptwortes: **trescientos marcos** (marco ist männlich), **trescientas pesetas** (peseta ist weiblich).

Banken

Sie haben werktags von 9.00—14.00 oder 8.00—13.00 Uhr geöffnet.

6 Geldwechsel

¿_____ ___?
Noch etwas?

__, _____.
Nein, danke.

¿_____ ___
Wo ist
___ _____ __
_____?
eine Wechselstube?

¿___ _____ __
_____?
Eine Wechselstube?

__ _____ __ _____
Die »Bank von Bilbao«
____ ___.
ist dort.

6 Geldwechsel

BANCO

CAJA 1

_____ ___, _____.
Guten Tag, mein Herr.

_____ _____
Ich möchte wechseln

_____

_____.
300 Mark.

___ _____ ___ _____.
Es sind 20 000 Peseten.

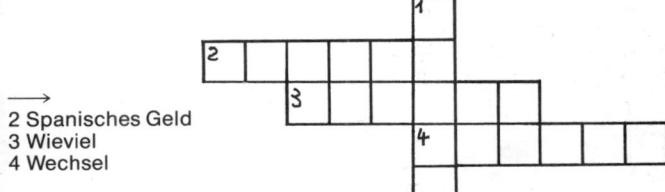

→
2 Spanisches Geld
3 Wieviel
4 Wechsel

↓ 1 Bank

postal	la postal	die Postkarte
estas postales	estas postales	diese Postkarten
kuanto kuesta	¿cuánto cuesta	wieviel kostet
una postal	una postal?	eine Postkarte?
seljo	el sello	die Briefmarke
tjene usted seljos	¿tiene Vd. sellos?	haben Sie Brief-
		marken?
para Alemania	para Alemania	nach Deutschland
ofithina de koreos	la oficina de	das Postamt
	Correos	
dosthjentos	doscientos	zweihundert
kuarenta	cuarenta	vierzig
thinko seljos	cinco sellos	fünf Briefmarken
de kuarenta	de cuarenta	zu vierzig
pesetas	pesetas	Peseten

Postamt

Postämter sind von 9.00–13.30 und von 16.00–18.00/19.00 Uhr geöffnet, Schalter für Postsparbücher nur vormittags.

Briefmarken

in kleinen Mengen bekommt man auch in den »Estancos«; das sind Tabakläden, die man an dem Schild »TABACALERA« erkennt.

Briefkasten

Werfen Sie Postkarten und Briefe am besten in einen Briefkasten mit der Aufschrift »extranjero« (= Ausland).

37

7 Postkarten

Postales 7

¿——————— ——————— ———
Wieviel kostet eine

——————— ————
Postkarte nach

—————————?
Deutschland?

——————————— ———————.
40 Peseten.

——————— ———————
—— —————————
5 Briefmarken zu 40

———————, ——— —————.
Peseten, bitte.

SELLOS

1 Postkarte
2 Briefmarken
3 Post
4 Zweihundert

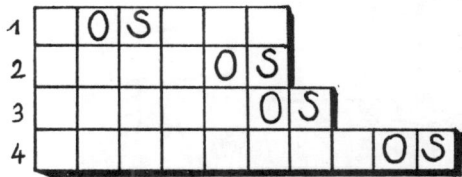

plaja	la playa	der Strand
barca de pedales	la barca de pedales	das Tretboot
sombrilja	la sombrilla	der Sonnenschirm
dos mil	dos mil	zweitausend
atheite	el aceite	das Sonnenöl
brontheador	bronceador	
elado	el helado	das Eis
bainilja	vainilla	Vanille
tschokolate	chocolate	Schoko
fresa	fresa	Erdbeer
ora	la hora	die Stunde
por ora	por hora	pro Stunde
karo	caro	teuer
mui karo	muy caro	sehr teuer

Strände

Es ist für den Touristen besonders angenehm, daß in Spanien die Strände Gemeinbesitz sind, und daß für das Betreten eines Strandes keine Gebühr verlangt wird.

8 Am Strand

8 Am Strand

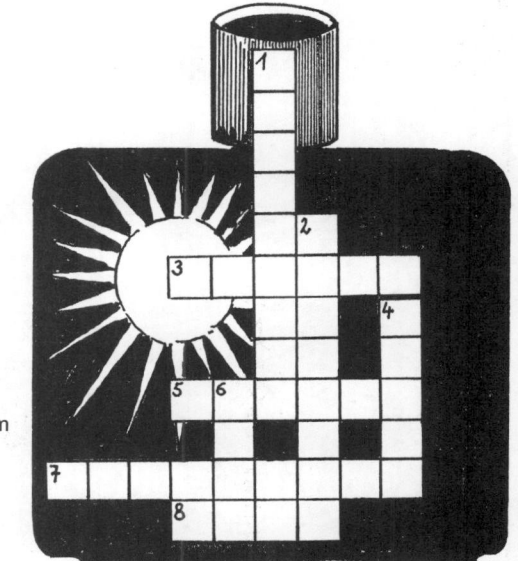

→
3 Eis
5 Öl
7 Sonnenschirm
8 Stunde

↓ 1 Schoko
2 Vanille
4 Erdbeer
6 Teuer

45

fruta	la fruta	*die Frucht*
fruta	fruta	*Obst*
narancha	la naranja	*die Apfelsine*
platano	el plátano	*die Banane*
los platanos	los plátanos	*die Bananen*
estan mui buenos	están muy buenos	*sind sehr gut*
tomate	el tomate	*die Tomate*
un kilo de tomates	un kilo de tomates	*ein Kilo Tomaten*
para	para	*für*
ensalada de tomates	ensalada de tomates	*Tomatensalat*
acho	el ajo	*der Knoblauch*
una kabetha de achos	una cabeza de ajos	*eine Knolle Knoblauch*
mire usted los achos	mire Vd. los ajos	*sehen Sie den Knoblauch an*
si	¡si!	*doch!*

9 Obst

¿–––– –––––– ––.?
Was wünschen Sie?

––––– –––––––––.
5 Apfelsinen.

¿–––– –––?
Noch etwas?

–– –––– –– –––––––,
Ein Kilo Tomaten,

––– –––––.
bitte.

––– –––––––– –––––
Die Bananen sind

––– ––––––.
sehr gut.

––, –––––––.
Nein, danke.

____ __. ___ ____.
Sehen Sie den Knoblauch.

¡__, __!
Nein, nein!

¡__!
Doch!

___ _____ __ ____.
Eine Knolle Knoblauch.

__ ___ __ ____
Der Knoblauch ist sehr gut

____ _____ __ _____.
für Tomatensalat.

digame	**dí**game ...	hallo ... *(am Telefon)*
reser**bar**	reservar	*reservieren*
mesa	la mesa	*der Tisch*
perso**na**	la persona	*die Person*
dos perso**nas**	dos personas	*zwei Personen*
nombre	el nombre	*der Name*
su **nom**bre	su nombre	*Ihr Name*
mi **nom**bre	mi nombre	*mein Name*
man**ja**na	mañana	*morgen*
asta man**ja**na	hasta mañana	*bis morgen*
notsche	la noche	*die Nacht*
man**ja**na por la **not**sche	mañana por la noche	*morgen abend*

Telefonieren in die Heimat

Vorwahl der Bundesrepublik Deutschland: **07/49**, von Österreich: **07/43**, der Schweiz: **07/41**.

Sie nehmen den Hörer ab und werfen Münzen ein. Dann warten Sie den Wählton ab. Sie wählen nach Deutschland: 0 – 7. Sie warten erneut den Wählton ab. Dann wählen Sie: 4 – 9. Anschließend wählen Sie die Vorwahl Ihres Ortes (ohne die 0) und schließlich die Rufnummer.

Telefonamt

Das Telefonamt (**Telefónica**) ist in Spanien im allgemeinen vom Postamt getrennt.

Telefonzellen

Von Telefonzellen mit den Aufschriften **»Internacional«** oder **»Interurbano«** kann man ins Ausland telefonieren.

10 Reservierung

¿———————?
Schmidt?
¿—— ——. ———————?
Sind Sie Deutsche?

——, ——— ———————.
Ja, ich bin Deutsche.

—————, ——————,
Auf Wiedersehen, meine Dame,
————— ——————.
bis morgen.

$\longrightarrow$
2 Hallo (am Telefon)
3 Name
5 Reservieren
6 Morgen

$\downarrow$
1 Auf Wiedersehen
4 Tisch

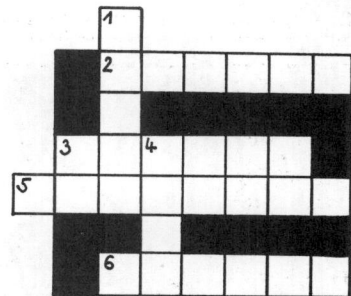

53

11 Im Restaurant
En el restaurante

restaurante	el restaurante	das Restaurant
komer	comer	essen
ke desean komer	¿qué desean comer?	was möchten Sie essen?
karne	la carne	das Fleisch
peskado	el pescado	der Fisch
poljo	el pollo	das Hähnchen
poljo asado	pollo asado	Brathähnchen
tortilja	la tortilla	das Omelett
paelja	la paella	die Paella
sopa	la sopa	die Suppe
krema	la crema	die Cremesuppe
sopa de acho	sopa de ajo	Knoblauchsuppe
krema de tomate	crema de tomate	Tomatencreme-suppe
an terminado	¿han terminado?	haben Sie beendet?
kuenta	la cuenta	die Rechnung

Essenszeiten

Die Essenszeiten sind mittags zwischen 13.00 und 15.00 oder 16.00 Uhr, abends frühestens ab 20.00 Uhr bis spät in die Nacht. Mittags und abends wird warm gegessen.

Tisch im Restaurant

Im Restaurant und im Speiseraum des Hotels weist Ihnen der Kellner einen Tisch zu.

Trinkgeld

Trinkgeld geben Sie in Spanien wie in Deutschland, um z. B. Ihre Zufriedenheit auszudrücken.

11 Im Restaurant

11 Im Restaurant

——— ————— —————.
Zwei Brathähnchen.

¿——— —————————?
Haben Sie beendet?

——.   —— —————, ——— —————.
Ja.   Die Rechnung, bitte.

→
3 Fleisch
4 Reisgericht
5 Suppe

↓
1 Omelett
2 Rechnung
4 Fisch
6 Hähnchen

be**ber**	be**ber**	*trinken*
ke **kj**eren beber	¿qué quieren beber?	*was möchten Sie (Mehrzahl) trinken?*
agua mineral	el agua mineral	*das Mineralwasser*
brandi	el brandy	*der Weinbrand*
thumo de naran**ch**a	el zumo de naranja	*der Orangensaft*
bino tinto	el vino tinto	*der Rotwein*
Sangre de **Toro**	el Sangre de Toro	*das »Stierblut« (Weinmarke)*
ther**beth**a	la cerveza	*das Bier*
espan**jol**	español	*spanisch*
es**kisi**to	exquisito	*vorzüglich*

Rotwein

Boden und Klima begünstigen in Spanien den Anbau von Rotwein. Die besten Rotweine kommen aus den Regionen Penedés und Rioja.

Sherry (Jerez)

Dieser Aperitiv-Wein kommt aus der südspanischen Stadt Jerez. Dem Wein wird beim Gären Kognak zugefügt.

Brandy

Spanische Kognaks heißen »Brandy«. Viele sind weltbekannt, z. B. Veterano, Carlos I und andere.

Sangría

Sangría ist Rotweinbowle, die, kalt getrunken, an heißen Tagen wunderbar erfrischt.

---

*) Der Stier ist das Reklamezeichen der Firma Osborne für ihren Brandy »VETERANO«.

12 Getränke

In Spanien sind die Getränke teurer, wenn der Gast am Tisch Platz nimmt, und billiger, wenn er an der Theke steht.

ola	hola!	*Hallo!*
ke tal	¿qué tal?	*wie geht's?*
emfermo	enfermo*)	*krank*
emferma	enferma*)	
estoi emferma	estoy enferma	*ich bin krank*
kabe*th*a	la cabeza	*der Kopf*
me duele la kabe*th*a	me duele la cabeza	*mir tut der Kopf weh*
estomago	el estómago	*der Magen*
dolor	el dolor	*der Schmerz*
fjebre	la fiebre	*das Fieber*
tengo fjebre	tengo fiebre	*ich habe Fieber*
far**math**ja	la farmacia	*die Apotheke*
pastilja	la pastilla	*die Tablette*
pastiljas **kon**tra el dolor	pastillas contra el dolor	*Tabletten gegen den Schmerz*

Das spanische Apothekenzeichen:

---

*) Die Endung ist -a, wenn eine Frau spricht, und -o, wenn ein Mann spricht.

13 Krank

FARMACIA

__ _____ __ _____.
Mir tut der Kopf weh.

__ _____ __ _____.
Mir tut der Magen weh.

_____ _____.
Ich habe Fieber.

_____ _____
Ich möchte Tabletten

_____ __ _____.
gegen den Schmerz.

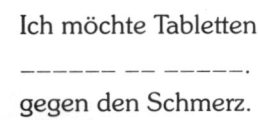

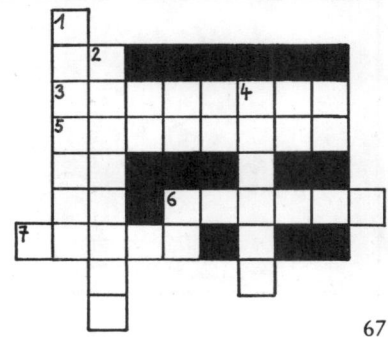

→
3 Apotheke
5 Magen
6 Fieber
7 Schmerz

↓
1 Krank
2 Tablette
4 Kopf

tagsi	el taxi	*das Taxi*
parada de tagsis	**parada de taxis**	*Taxistand*
libre	**LIBRE**	*FREI*
ljame un tagsi	**llame un taxi**	*rufen Sie ein Taxi*
momento	**un momento**	*einen Augenblick*
adonde	**¿adónde?**	*wohin?*
a Maspalomas	**a Maspalomas**	*nach Maspalomas*
al otel Faro	**al hotel FARO**	*zum Hotel FARO*
al aeropuerto	**al aeropuerto**	*zum Flughafen*
a la kalje de la Kru*th*	**a la Calle de la Cruz**	*zur Kreuzstraße*
a la abenida del Mar	**a la Avenida del Mar**	*zur Meeresallee*
aki	**aquí**	*hier*
pare aki	**pare aquí**	*halten Sie hier*

Taxi-Information

Daß ein Taxi frei ist, erkennen Sie an dem Schild »LIBRE« und einer grünen Lampe.

Fahrpreis

Bei Fahrten außerhalb der Stadtgrenze größerer Städte schalten die Taxifahrer auf einen anderen Tarif um, der die Rückfahrt des Taxis in die Stadt abdeckt. Achten Sie immer genau auf den am Taxameter angezeigten Preis. Die Taxifahrer sind verpflichtet, immer den Taxameter eingeschaltet zu lassen. Nur für große Gepäckstücke darf Aufpreis erhoben werden.

Wenn Sie (z. B. auf den Canarischen Inseln) Taxis ohne Taxameter antreffen, so erkundigen Sie sich am besten (z. B. beim Hotelportier) nach dem angemessenen Fahrpreis.

14 Taxi

Lösungen

Lektion 1

Tome su ticket

Gasolina super.
¿Cuánto?
Lleno, por favor.

Ceda el paso

Su ticket, por favor.
Mil pesetas.

FRANKFURT, BASEL, LYON, NIMES,
BARCELONA, TARRAGONA, VALENCIA

Lektion 2

Buenas tardes,
Buenas tardes, señor.

Una habitación, por favor.
Sí.
Una habitación doble.

¿Para cuántos días?
Para cinco días.

¿Cuál es el precio
de esta habitación?
Cinco mil pesetas.
Muy bien.
La tomo.

1 PRECIO   2 CINCO
2 DIA   4 BIEN
5 HABITACION
6 SEÑOR

Lektion 3

¿Dónde está el comedor?
A la derecha, señora.

Buenos días, señora.
¿Café o té?
Café con leche, por favor.

Aquí tiene Vd. el café,
los panecillos, la mermelada
y la mantequilla.

¿Desea Vd. zumo de naranja?
Sí.

2 MANTEQUILLA   1 LECHE
4 PANECILLO   3 TE
5 MERMELADA

Lektion 4

Una guía de Madrid,
por favor.
Muchas gracias.
De nada.

¿Dónde está
el Museo del Prado?
En el Paseo del Prado.

Tome Vd. el autobús.

¿Va este autobús
al Museo del Prado?
Sí.

¿Dónde está
el Museo del Prado?
No sé.

A la derecha.
Gracias, señor.

Una entrada, por favor.

1 TOME	2 MUSEO
5 MADRID	3 PRADO
6 ENTRADA	4 GUIA
8 AUTOBUS	7 TURISMO

Lektion 5

Un café solo, por favor.

¡Qué calor hace!

¿Es Vd. alemán?
Sí, soy de Francfort.

Alemania es bonita.
¡España también!

Adoro España,
el vino, el sol . . .

¿Un cigarrillo?
Muchas gracias, señor.

Lektion 6

¿Cuánto cuestan
las gafas de sol?
Cinco mil pesetas.

Las tomo.

¿Algo más?
No, gracias.

¿Dónde hay
una oficina de cambio?
¿Una oficina de cambio?
El Banco de Bilbao está ahí.

Buenos días, señor.
Quiero cambiar
trescientos marcos.

Son veinte mil pesetas.

Gracias. Adiós.

2 PESETA   1 BANCO
3 CUANTO
4 CAMBIO

Lektion 7

Estas postales, por favor.
Doscientas pesetas.

¿Tiene Vd. sellos?
No, señora,
la oficina de Correos
está ahí.

¿Cuánto cuesta una postal
para Alemania?
Cuarenta pesetas.

Cinco sellos
de cuarenta pesetas,
por favor.

1 POSTAL
2 SELLOS
3 CORREOS
4 DOSCIENTOS

Lektion 8

Un helado, por favor.
¿Vainilla?
¿Chocolate?
¿Fresa?

Vainilla, por favor.

Una barca de pedales.
¿Cuánto cuesta?
por hora?
Trescientas pesetas.

Es muy caro.

Quiero una sombrilla.
¿Cuánto cuesta?
Dos mil pesetas.

La tomo.

¿Algo más?
Aceite bronceador.

3 HELADO	1 CHOCOLATE
5 ACEITE	2 VAINILLA
7 SOMBRILLA	4 FRESA
8 HORA	6 CARO

Lektion 9

¿Qué desea Vd.?
Cinco naranjas.

¿Algo más?
Un kilo de tomates, por favor.

Los plátanos están
muy buenos.
No, gracias.

Mire Vd. los ajos.
¡No, no!

¡Sí!
Una cabeza de ajos.
El ajo es muy bueno
para ensalada de tomates.

1 PLATANO
2 AJO
3 NARANJA
4 TOMATE

Lektion 10

Dígame . . .

Quiero reservar
una mesa
para dos personas
para mañana por la noche.

Bien.
¿Su nombre, por favor?

Mi nombre es Schmidt.

¿Schmidt?
¿Es Vd. alemana?

Sí, soy alemana.

Adiós, señora,
hasta mañana.

2 DIGAME   1 ADIOS
3 NOMBRE   4 MESA
5 RESERVAR
6 MAÑANA

Lektion 11

Buenas tardes.
Una mesa para dos personas.

¿Qué desean comer?
¿Carne, pescado, pollo asado,
tortilla, paella?

Dos pollos asados, por favor.

¿Sopa?
¿Sopa de ajo?
¿Crema de tomate?

Dos cremas de tomate,
por favor.

Dos pollos asados.

¡Han terminado!
Sí.
La cuenta, por favor.

3 CARNE
4 PAELLA
5 SOPA

1 TORTILLA
2 CUENTA
4 PESCADO
6 POLLO

Lektion 12

¿Qué quieren beber?
Un agua mineral.
Un brandy.
Un zumo de naranja.

Una cerveza, por favor.
Un vino tinto, por favor.
El vino tinto español
es exquisito.

1 CERVEZA
4 TINTO
5 ZUMO

2 VINO
3 AGUA

Lektion 13

¡Hola!
¡Hola, Carmen!

¿Qué tal?
Estoy enferma.
Me duele la cabeza.

¿Dónde hay una farmacia?

Me duele la cabeza.

Me duele el estómago.

Tengo fiebre.

Quiero pastillas contra el dolor.

3 FARMACIA	1 ENFERMO
5 ESTOMAGO	2 PASTILLA
6 FIEBRE	4 CABEZA
7 DOLOR	

Lektion 14

Llame Vd. un taxi, por favor.
Sí, señor, un momento.

¿Adónde?
Al aeropuerto, por favor.

Pare Vd. aquí.

¿Cuánto cuesta?
Mil pesetas.

3 PARADA	1 PARE
	2 TAXI
	4 AQUI

Essen & Trinken

Rätsel von Seite 85

TE
AJO
VINO
CAFE
SOPA
CARNE
LECHE
POLLO
PAELLA
HELADO
TOMATE
CERVEZA
NARANJA
PESCADO
PLATANO
TORTILLA
MERMELADA
PANECILLO
MANTEQUILLA

Silbenrätsel

von Seite 104

1. AU TO BUS
2. BOL SO
3. CA BE ZA
4. CER VE ZA
5. EN TRA DA
6. FRE SA
7. GA AO LI NA
8. HE LA DO
9. ME SA
10. MIL
11. NA RAN JA
12. PES CA DO
13. PE SE TA
14. PLA TA NO
15. POS TAL
16. SOL
17. TA XI
18. TO MA TE
19. VI NO

Bilderrätsel

von Seite 106

Spanisches Feriengebiet: **ISLAS CANARIAS**

VIÑO
SELLO
CABEZA
PESCADO
NARANJA
SOMBRILLA
MESA

Spanischer Romanheld:
DON QUIJOTE DE LA MANCHA

DOSCIENTOS
QUINCE
AJO
TOMATE
DIEZ
GASOLINA
MESA
NARANJA
CHOCOLATE

Der spanische Name des Entdeckers von
Amerika: **CRISTOBAL COLON**

CERVEZA
VINO
PESETA
SOL
BARCELONA
CAFE
POLLO
CINCO

Essen & Trinken

(Lösungen auf Seite 82)

19 spanische Wörter aus dem Bereich Essen & Trinken sind in dem Diagramm untergebracht. Sie können waagerecht und senkrecht gefunden werden. Die 19 Wörter sind:

```
M E R M E L A D A P N
C A R N E I M I T E A
E L A H E L A D O S R
R O S T I P N O R C A
V I N O N A T N T A N
E P P M O N E S I D J
Z A L A T E Q U L O A
A E A T O C U D L O R
O L T E S I I C A F E
I L A F O L L E C H E
B A N Z I L L A A J O
S P O L L O A S O P A
```

Leserhinweis:

Bis hierher haben Sie schon rund 200 Vokabeln und Wortverbindungen gelernt. Es folgen nun noch einmal rund 800 Wörter des täglichen Gebrauchs, aus denen Sie sich bei Interesse ein eigenes kleines Lernprogramm zusammenstellen können. Die Lautschrift muß hier entfallen. Doch werden Sie sich mit Ihrer Erfahrung aus den Lektionen zurechtfinden.

Mini-Wörterbuch für Touristen

Deutsch–Spanisch

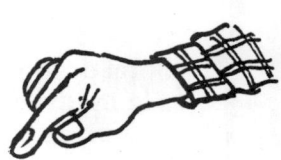

Im Notfall zeigen Sie dem Spanier das gemeinte Wort.

Abendessen	cena	anrufen	llamar
Abfahrt	salida	Anschrift	dirección
abreisen	salir	ansehen	mirar
Abschlepp-dienst	servicio de grúa	Anzeige (Polizei)	denuncia
Achtung	atención	Apfel	manzana
Adresse	dirección	Apfelsaft	zumo de manzana
Allee	avenida		
alles	todo	Apfelsine	naranja
Ampel	semáforo	Apotheke	farmacia
Ananas	piña	Artischocke	alcachofa
Angebot	oferta	Arzt	médico
angenehm	agradable	ärztlicher Not-dienst	servicio médico de urgencia
anhalten	parar		
Ankunft	llegada	Aschenbecher	cenicero
Anisschnaps	anís	Aubergine	berenjena
Anlasser	motor de arranque	auf Wiederse-hen	adiós
Anprobeka-bine	probador	Ausfahrt	salida
		Ausflug	excursión

Spanische Rezepte zum Kennenlernen und Ausprobieren

Sopa de ajo a la madrileña

Madrider Knoblauchsuppe

4 Knoblauchzehen *2 EL Öl* *Paprikapulver*	Kleinhacken und in Öl bräunen.
200 g Weißbrot	In Würfel schneiden und im Öl toasten.
½ l Instant-Brühe *Salz*	Dazugeben und 3 Minuten kochen lassen.

Variation:
4 Eier nacheinander aufschlagen und mit einer kleinen Schöpfkelle in die heiße Suppe halten. Wenn die Eier fest sind, servieren.

Alemán	Español		Alemán	Español
Ausgang	salida		*Blitzlicht*	flash
Auslandsflüge	vuelos inter- nacionales		*Bluse*	blusa
			Bohnen	judías
Ausweis	documento de identidad		*Bonbons*	caramelos
			Boot	barca
Auto	coche		*Botschaft (pol.)*	embajada
Autobahn	autopista		*Brathähnchen*	pollo asado
Autobahn- *gebühr*	peaje		*braun*	marrón
			braun werden	broncear
Autobus	autobús		*Bremse*	freno
Autoverleih	alquiler de coches		*Brief*	carta
			Briefkasten	buzón
Avocado	aguacate		*Briefmarke*	sello
			Brille	gafas
Bäckerei	panadería		*Brot*	pan
Bad	baño		*Brötchen (be-* *legtes)* ~	panecillo; bo- cadillo
Badeanzug	traje de baño			
Badehose	bañador		*Brücke*	puente
Badetuch	toalla de baño		*Bucht*	cala
Bahnhof	estación		*Burg*	castillo, alcázar
Bahnsteig	andén		*Butter*	mantequilla
Balearen	(Islas) Baleares			
Balkon	balcón		*Cafeteria*	cafetería C
Banane	plátano		*Campingplatz*	camping
Bank	banco		*Chicoree*	endibias
Batterie	pila			
Bauarbeiten	obras		*Dame*	señora D
Beefsteak	bistec		*Damenbinde*	compresa
Benzin	gasolina		*danke*	gracias
besetzt	ocupado		*Datum*	fecha
Besichtigung	visita		*Deck(e)*	cubierta
Bett	cama		*defekt*	roto
bewölkt	nuboso		*deutsch*	alemán
bezahlen	pagar		*Deutscher*	alemán
Bier	cerveza		*Deutschland*	Alemania
Bikini	bikini		*Dia*	diapositiva
billig	barato		*Diebstahl*	robo
bitte	por favor		*Dienst*	servicio
blau	azul		*Dienstag*	martes
bleifrei	sin plomo		*Diesel*	gasóleo

Spanische Rezepte zum Kennenlernen und Ausprobieren

Gazpacho andaluz	*Kalte andalusische Gemüsesuppe*

3 Knoblauchzehen	Zerdrücken.
1 Paprikaschote	Entkernen und zerkleinern.
3 Tomaten	Enthäuten und zerkleinern.
	Alles mit dem Mixer fein pürieren.

3 EL Semmelbrösel	Dazugeben.
2 EL Öl	Alles zusammen
1 EL Weinessig	mindestens 2 Stunden in den
4 Tassen Wasser	Kühlschrank stellen.

1 grüne Gurke	In kleine Würfel schneiden.
1 Zwiebel	Fein hacken.
100 g Weißbrot	In kleine Würfel schneiden.

	Die kalte Suppe servieren.
	Je Teller einen Löffel von der Gurke, den Zwiebeln und dem Weißbrot zugeben.

dieser, diese	este, esta	*Fahrgestell-*	número del
Diskothek	discoteca	*Nummer*	bastidor
Donnerstag	jueves	*Fahrkarte*	billete
Doppelzimmer	habitación	*Fahrplan*	horario
	doble	*Fahrrad*	bicicleta
Dosenöffner	abrelatas	*Fährschiff*	transbordador
drücken	empujar	*Fahrspur*	carril
Durchfahrt	paso	*Fahrstuhl*	ascensor
Durchfall	diarrea	*Familienname*	apellido
Dusche	ducha	*Farbe*	color
		Feiertage	(días) festivos
Ehefrau	esposa, mujer	*Feige*	higo
Ehemann	esposo, marido	*Felsen*	roca
Ei	huevo	*Fernzüge*	trenes de largo
ein, eine	un, una		recorrido
Eingang	entrada	*Fest*	fiesta
Einkaufs-	centro	*Feuerlöscher*	extintor
zentrum	comercial	*Feuerwehr*	bomberos
Eintopf	cocido	*Feuerzeug*	encendedor
Eintrittskarte	entrada	*Fieber*	fiebre
Einzelzimmer	habitación	*Filet*	solomillo
	individual	*Filetschnitzel*	lomo
Eis	helado	*Film*	carrete, película
Eisenbahn	ferrocarril	*Filter*	filtro
Eiswürfel	cubito de hielo	*Fisch*	pescado
Endivie	escarola	*fischen*	pescar
Ente	pato	*Fischgeschäft*	pescadería
Entfernung	distancia	*Flamenco*	flamenco
Entschuldi-	perdón	*Flasche*	botella
gung		*Flaschenöffner*	abridor
Erbsen	guisantes	*Fleisch*	carne
Erdbeere	fresa	*Fleischerei*	carnicería
Erdgeschoß	planta baja	*Flug*	vuelo
Erfrischung	refresco	*Flughafen*	aeropuerto
Ersatzteil	pieza de	*Flugplan*	horario
	recambio	*Flugzeug*	avión
es gibt	hay	*Fluß*	río
Espresso	café solo	*Foto*	foto
essen	comer	*Fotoapparat*	cámara
Essig	vinagre	*Franken*	franco

Spanische Rezepte zum Kennenlernen und Ausprobieren

Tortilla española *Spanisches Omelett*

1 Tasse Olivenöl	In der Bratpfanne erhitzen.
3 Kartoffeln	Schälen und in Scheiben schneiden.
2 Zwiebeln	Hacken.
Salz, Pfeffer	Alles 15 Minuten dünsten.

4 Eier	Schaumig schlagen. Das meiste Öl aus der Pfanne abgießen.
	Die Kartoffeln mit der Eiermasse gut mischen. Alles zusammen in die Bratpfanne geben und bei mäßiger Hitze von beiden Seiten braten.

Dazu paßt grüner Salat.

Spanier kennen sehr viele **Variationen,** die Sie ausprobieren können.

Sie können die Tortilla mit gekochtem Gemüse (grünen Erbsen, Tomaten, grünen Bohnen, Spargelspitzen, Paprikaschoten), mit Fleisch (Wurstscheiben, Schinken, gekochtem Hühnerfleisch, Kalbshirn) oder mit Meerestieren (Thunfisch, Krabben) herstellen.

Frau	señora, mujer	*Gelegenheit*	oportunidad
Fräulein	señorita	*Gemälde*	cuadro
frei	libre	*Gemüse*	verduras
Freitag	viernes	*geöffnet*	abierto
Fremden-	oficina de	*Gepäck*	equipaje
verkehrsamt	turismo	*Gepäckauf-*	consigna
Freund	amigo	*bewahrung*	
frisch	fresco	*geradeaus*	todo derecho
Friseursalon	peluquería	*Gericht (Essen)*	plato
Früchte	frutas	*Geschäft*	tienda
Frühstück	desayuno	*geschlossen*	cerrado
Führerschein	permiso de	*gestern*	ayer
	conducir	*Getränke*	bebidas
Führung	visita con guía	*Gewicht*	peso
Fußgänger	peatón	*Gewitter*	tormenta
Fußgänger-	zona peatonal	*Glas*	vaso, copa
zone		*Gleis*	vía
		Golf	golfo
		Gramm	gramo
Gabel	tenedor	*grau*	gris
Gangschaltung	cambio de	*Grenze*	frontera
	velocidades	*groß*	grande
Garage	garaje	*Größe*	talla
Gästehaus	residencia	*grün*	verde
Gasthof	hostal	*grüne Bohnen*	judías verdes
Gebäck	galletas	*Gurke*	pepino
gebacken	frito	*Gürtel*	cinturón
Gebäude	edificio	*gut*	bueno
Gebirge	sierra	*guten Tag*	buenos días,
Gedeck	cubierto		buenas tardes
Gefahr	peligro	*Gymnastik*	gimnasia
gefallen	gustar		
Geflügel	aves		
gekochter	jamón York		
Schinken			
gelb	amarillo	*Haar*	pelo
Geld	dinero	*Hafen*	puerto
Geldschein	billete	*Hähnchen*	pollo
Geldstrafe	multa	*halb*	medio
Geldwechsel	cambio	*Halbinsel*	península
		Halbpension	media pensión

H

93

Spanische Rezepte zum Kennenlernen und Ausprobieren

Pollo al chilindrón	*Hähnchen mit Tomatensoße*
1 Hähnchen Salz, Pfeffer	In 4 Teile schneiden, salzen und pfeffern.
150 g roher Schinken 1 Knoblauchzehe	Kleinschneiden.
	Hühnchen goldbraun anbraten.
1 Zwiebel	Kleinhacken.
3 Paprikaschoten	Kerne herausnehmen und in Streifen schneiden.
500 g Tomaten	Kleinschneiden.
	Alles zu dem Hühnchen geben und im Backofen schmoren lassen (etwa 40 Minuten).

K

Hallo	hola, dígame (am Telefon)
Haltestelle	parada
Hamburger	hamburguesa
Handtasche	bolso
Handtuch	toalla
Häppchen	tapas
Haus	casa
heiß	muy caliente, cálido
Hemd	camisa
Herr	señor, caballero
heute	hoy
hier	aquí
Hilfe	socorro
Höhle	cueva
Honig	miel
Honigmelone	melón
Hörnchen	croissant
Hose	pantalón
Hotel	hotel
Huhn	gallina
Hülsenfrüchte	legumbres
Hut	sombrero
ich	yo
Ihr, Ihre	su
Illustrierte	revista
Imbißstube	bar
Information	información
Innenhof	patio
Innenstadt	centro ciudad
Insel	isla
international	internacional
ja	sí
Jahr	año

Kabeljau	bacalao
Kabine	camarote
Kachel	azulejo
Kaffee	café
Kai	muelle
Kakao	chocolate
Kalb(fleisch)	ternera
kalt	frío
Kamera	cámara
Kamm	peine
Kanarische Inseln	(Islas) Canarias
Kaninchen	conejo
kaputt	averiado, roto
Karotten	zanahorias
Kartoffelchips	patatas fritas
Kartoffeln	patatas
Käse	queso
Kasse	caja
Kathedrale	catedral
kaufen	comprar
Kaufhaus	grandes almacenes
Keilriemen	correa
Kellner	camarero
Kichererbsen	garbanzos
Kilo	kilo
Kilometer	kilómetro
Kirche	iglesia
Kirsche	cereza
Kleid	vestido
Kleidung	ropa
klein	pequeño
Kloster	monasterio
Knoblauch	ajo
koffeinfreier Kaffee	café descafeinado
Koffer	maleta
Kofferraum	portamaletas
Kognak	coñac

95

Zahlen

0	cero	30	treinta
1	uno	31	treinta y uno
2	dos	32	treinta y dos
3	tres	33	treinta y tres ...
4	cuatro		
5	cinco	40	cuarenta
6	seis	41	cuarenta y uno ...
7	siete		
8	ocho	50	cincuenta
9	nueve	60	sesenta
		70	setenta
10	diez	80	ochenta
11	once	90	noventa
12	doce		
13	trece	100	cien
14	catorce	103	ciento tres
15	quince	150	ciento cincuenta
16	dieciséis	200	doscientos
17	diecisiete	500	quinientos
18	dieciocho	700	setecientos
19	diecinueve	900	novecientos
20	veinte	1 000	mil
21	veintiuno	3 000	tres mil
22	veintidós	5 000	cinco mil
23	veintitrés ...	1 000 000	un millón

Konfitüre	confitura
Konserve	conserva
Konsulat	consulado
Kopf	cabeza
Korkenzieher	sacacorchos
kostet	cuesta
Kotelett	chuleta
Kotflügel	guardabarros
Krabbe	gamba
krank	enfermo
Krankenhaus	hospital
Kranken-wagen	ambulancia
Krawatte	corbata
Kreditkarte	tarjeta de crédito
Kreuzfahrt	crucero
Kreuzung	cruce
Kuchen	pastel
Kugelschreiber	bolígrafo
kühl	fresco
Kühlschrank	frigorífico
Kühlwasser	agua del radiador
Kupplung	embrague
Kurzschluß	cortocircuito
Küste	costa
Lamm	cordero
Land	país
Landkarte	mapa
Landstraße	carretera
lang	largo
Languste	langosta
Lebensmittel	comestibles
Leber	hígado
leer	vacío
leer (Batterie)	descargado
legen (Haar)	marcar

Lende	lomo
Lenkrad	volante
Lichtmaschine	dínamo
Liegestuhl	hamaca
Liegewagen	coche-litera
links	a la izquierda
Liter	litro
Lkw	camión
Löffel	cuchara
Luftfilter	filtro de aire
Luftmatratze	colchón neumático
Magen	estómago
Magenver-stimmung	indigestión
Mahlzeit	comida
Mais	maíz
Majoran	mejorana
Mann	hombre
(Ehemann)	marido
Mark	marco
Markt	mercado
Marmelade	mermelada
Matador	matador
Mautstelle	peaje
Meer	mar
Meerbarbe	salmonete
Meerblick	vista al mar
mein, meine	mi
Melone	
(Honig~)	melón
(Wasser~)	sandía
Menü	menú
Messer	cuchillo
Meter	metro
Metzgerei	carnicería
Mietwagen	coche de alquiler

M

97

Milch	leche
Milchkaffee	café con leche
Mineralwasser	agua mineral
Mittag	mediodía
Mittagessen	almuerzo
Mittelmeer	mar Mediterráneo
Mittwoch	miércoles
Minute	minuto
Mohrrüben	zanahorias
Mole	muelle
Moment	momento
Montag	lunes
Moped	ciclomotor
Morgen	mañana
morgen	mañana
Motor	motor
Motorrad	moto
Moschee	mezquita
Münze	moneda
Muscheln	
(*Mies~*)	mejillones
(*Venus~*)	almejas

N	*nach*	a, para
	Nachmittag	tarde
	Nacht	noche
	Nachtisch	postre
	Nahverkehrs-zug	tren de cercanías
	Name	nombre
	national	nacional
	Nebel	niebla
	nehmen	tomar
	nein	no
	nett	amable
	nicht	no
	nichts	nada

Niederschläge	precipitaciones
Nieren	riñones
Norden	norte
normal	normal
Notarzt	médico de urgencia
Nudeln	fideos, pastas
Nummer	número
nur	sólo

Ober	camarero
Obst	fruta(s)
öffentlich	público
ohne	sin
Öl	aceite
Oliven	aceitunas
Ölpumpe	bomba de aceite
Ölstand	nivel del aceite
Ölwechsel	cambio de aceite
Omelett	tortilla
Orange	naranja
Orangensaft	zumo de naranja
Ort	lugar
Ortsmitte	centro urbano
Osten	este
Österreich	Austria
Österreicher	austríaco
österreichisch	austríaco

Paar	par
Paella	paella
Palast	palacio
Panne	avería
Pannenhilfe	auxilio en carretera

Papiertaschen-tücher	pañuelos de papel	*Quark*	queso fresco **Q**
Paprika (Gewürz)	pimentón	*Rad*	rueda **R**
Paprika (Gemüse)	pimiento	*Rasierapparat*	máquina de afeitar
Paprikawurst	chorizo	*Raststätte*	área de servicio
Parken	estaciona-miento	*Rathaus*	ayuntamiento
		rauchen	fumar
Parkhaus	garaje	*Rechnung*	cuenta
Parkplatz	aparcamiento	*rechts*	a la derecha
Paßkontrolle	control de pasaportes	*Rechtsanwalt*	abogado
		Regen	lluvia
Person	persona	*Regenschirm*	paraguas
Personenzug	semidirecto	*regnen*	llover
Pesete	peseta	*regnerisch*	lluvioso
Pfeffer	pimienta	*Reifen*	neumático
Pfirsich	melocotón	*Reihe*	fila
Pflaster (Wunde)	tirita	*Reis*	arroz
		Reise	viaje
Pilze	setas	*Reisebüro*	agencia de viajes
Platz	plaza		
Platzreservie-rung	reserva de plazas	*Reiseführer*	guía
		Reisepaß	pasaporte
Polizei (Landpo-lizei)	policía guardia civil	*Reserverad*	rueda de repuesto
		Restaurant	restaurante
Pommes frites	patatas fritas	*Rezept*	receta
Porree	puerros	*Rezeption*	recepción
Post	Correos	*Richtung*	dirección
Postamt	oficina de Correos	*Rind(fleisch)*	vaca
		Ring(straße)	ronda
Postkarte	postal	*Rock*	falda
Preis	precio	*roher Schinken*	jamón serrano
Preisliste	lista de precios	*Rosinen*	uvas pasas
Promenade	paseo	*rot*	rojo
Prospekt	folleto	*Rotes Kreuz*	Cruz Roja
Pudding	flan	*Rotwein*	vino tinto
Pullover	suéter, jersey	*Rotweinbowle*	sangría
		Rosé	vino rosado

Route	itinerario	*Schnee*	nieve
Rückfahrkarte	billete de ida y vuelta	*schnell*	rápido
		Schnellzug	(tren) expreso
Rundfahrt	circuito	*Schnitzel*	escalope
Rundgang	itinerario de la visita	*Schokolade*	chocolate
		Schrauben-schlüssel	llave de tuercas
		Schrauben-zieher	destornillador
S *Saft*	zumo	*Schuhe*	zapatos
Sahne	nata	*Schuld*	culpa
Salat	ensalada	*schwarz*	negro
Salz	sal	*Schwein(e-fleisch)*	cerdo
Samstag	sábado	*Schweiz*	Suiza
Sandwich	sandwich	*Schweizer*	suizo
Sardine	sardina	*Schwimm-becken*	piscina
Schachtel Zigaretten	paquete de cigarrillos	*schwimmen*	nadar
		Seehecht	merluza
Schal	chal	*Seezunge*	lenguado
Schalter	taquilla	*sehen*	ver, mirar
Schauer	chubasco	*Sehenswürdig-keiten*	monumentos
Scheck	cheque		
Scheiben-wischer	limpiapara-brisas	*sehr*	mucho, muy
		Seife	jabón
Scheinwerfer	faro	*Sekt*	cava, champán
Schiff	barco, buque	*Selbstbedie-nung*	autoservicio
Schillinge	chelines	*Sellerie*	apio
Schinken	jamón	*Senf*	mostaza
Schlafmittel	somnífero	*Serviette*	servilleta
Schlafwagen	coche-cama	*Shampoo*	champú
schlecht	malo	*Sherry*	jerez
schlimm	grave	*Sicherheitsgurt*	cinturón de seguridad
Schloß (Palast)	palacio		
Schloß (Tür)	cerradura	*Sicherheits-kontrolle*	control de seguridad
Schlüssel	llave		
Schmerz	dolor	*Sicherung*	fusible
schmerzen	doler	*Sie*	usted (Vd.)
Schnaps	aguardiente		
Schnecken	caracoles		

Sierra	sierra	*stehlen*	robar
Socken	calcetines	*Stier*	toro
Sonne	sol	*Stierkampf*	corrida
Sonnenbrille	gafas de sol	*Stierkampf-*	plaza de toros
Sonnencreme	crema solar	*arena*	
Sonnenküste	Costa del Sol	*Stockfisch*	bacalao
Sonnenmilch	leche solar	*Stockwerk*	piso
Sonnenöl	aceite solar,	*Stoßdämpfer*	amortiguador
	aceite bron-	*Strand*	playa
	ceador	*Straße*	calle
Sonnenschirm	sombrilla	*Straßenbenut-*	peaje
Sonnenstich	insolación	*zungsgebüh-*	
Sonntag	domingo	*ren*	
Soße	salsa	*Straßenkarte*	mapa de
Spanien	España		carreteras
Spanier	español	*Streichholz*	cerilla
spanisch	español	*Strickjacke*	chaqueta de
Spargel	espárragos		punto
Spaziergang	paseo	*Strumpf*	media
Speisekarte	carta	*Strumpfhose*	panty
Speisesaal	comedor	*Stunde*	hora
Speisewagen	coche-restau-	*Sturm*	tempestad
	rante	*Süden*	sur
Spiegeleier	huevos fritos	*Suppe*	sopa,
Spiel	juego		crema
Spinat	espinacas	*Super*	super
Sport	deporte	*Supermarkt*	supermercado
Sporthafen	puerto depor-	*Surfbrett*	tabla a vela
	tivo	*süß*	dulce
Sporthemd	camisa depor-		
	tiva		
Staatsangehö-	nacionalidad	*Tablette*	comprimido, T
rigkeit			pastilla
Stadt	ciudad	*Tag*	día
Stadtmitte	centro (de la	*Tagesgericht*	menú del día
	ciudad)	*Tal*	valle
Stadtplan	plano de la	*Tankstelle*	estación de
	ciudad		servicio,
Stadtrundfahrt	visita ciudad		gasolinera
Statue	estatua	*Taschentuch*	pañuelo

Tasse	taza	*Tunnel*	túnel
Taxi	taxi	*Tür*	puerta
Taxistand	parada de taxis	*Tüte*	bolsa
Tee	té		
Teigwaren	pastas	*U-Bahn*	metro
Telefon	teléfono	*Uhr*	reloj
Telefonbuch	guía de teléfonos	*Uhrzeit*	hora
Telefonnummer	número de teléfono	*Umgehungsstraße*	carretera de circunvalación
Telefonzelle	cabina telefónica	*Umleitung*	desviación
Telegramm	telegrama	*und*	y
Teller	plato	*Unfall*	accidente
Temperatur	temperatura	*Unterschrift*	firma
Tennis	tenis		
Tennisplatz	pista de tenis	*Vanille*	vainilla
Terrasse	terraza	*verboten*	prohibido
teuer	caro	*Vergaser*	carburador
Theater	teatro	*Verkauf*	venta
Theke	barra	*Verkehr*	tráfico
Thermostat	termostato	*verletzt*	herido
Thunfisch	atún	*verlieren*	perder
Ticket	ticket, pasaje	*Versicherung*	seguro
Tintenfisch	calamar	*Versicherungspapiere*	papeles del seguro
Tisch	mesa	*Verspätung*	retraso
Toiletten	W.C., servicios, lavabo	*verzollen*	declarar
		viel	mucho
Tomate	tomate	*voll*	lleno
Torte	tarta	*Vollpension*	pensión completa
Tourist	turista		
Trauben	uvas	*Vorfahrt lassen*	ceda el paso
Treppe	escalera	*Vorhersage*	pronóstico
Tretboot	barca de pedales	*Vorortzüge*	trenes de cercanías
		Vorspeisen	entremeses
trinken	beber	*Vorwahl*	prefijo
Trinkgeld	propina		
Trinkwasser	agua potable	*Wagenheber*	gato
		Wagenpapiere	papeles del coche

Waggon	coche, vagón
wann	cuándo
Ware	mercancía
warm	caliente, cálido
Wärme	calor
Warndreieck	señal de peligro
Wäsche	ropa
waschen	lavar
Wasser	agua
Wassermelone	sandía
Wasserski	esquí náutico
WC	W.C., servicios
wechseln	cambiar
Wein	vino
Weinbrand	brandy
Weinkeller	bodega
Weintrauben	uvas
weiß	blanco
Weißwein	vino blanco
weit (Entfernung)	lejos
(Kleidung)	ancho
welcher	cuál, qué
wenig	poco
weniger	menos
Werkstatt	taller
Westen	oeste
Wetter	tiempo
wie	cómo
wieviel	cuánto
Wild	caza
willkommen	bienvenido
Wind	viento
Windschutzscheibe	parabrisas

wo	dónde
Woche	semana
wohin	adónde
Wohnmobil	autocaravana
Wohnort	domicilio
Wohnwagen	caravana
Wolke	nube
wolkenlos	despejado
wollen	querer
Wurst	salchichón
Würstchen	salchicha

Z

zahlen	pagar
Zahnarzt	dentista
Zahnbürste	cepillo de dientes
Zahnpasta	pasta de dientes
Zeitung	periódico
Zentimeter	centímetro
Zeuge	testigo
ziehen	tirar
Zigarette	cigarrillo
Zigarre	puro
Zimmer	habitación
Zimt	canela
Zitrone	limón
Zoll	aduana
Zucker	azúcar
Zufahrt	acceso
Zug	tren
Zündkerze	bujía
Zusammenstoß	choque
Zuschlag	suplemento
Zwiebel	cebolla

Silbenrätsel

(Lösungen auf Seite 82)

Aus diesen Silben sind 19 Wörter zu bilden und auf die Nebenseite zu schreiben.

AU	BE	BOL	BUS	CA	CA	CER	DA
DO	DO	EN	FRE	GA	HE	JA	LA
LI	MA					ME	MIL
NA	NA					NO	NO
PE	PES					PLA	POS
RAN	SA					SA	SE
SO	SO	SOL	TA	TA	TA	TAL	TE
TO	TO	TRA	VE	VI	XI	ZA	ZA

The center cells contain an illustration.

105

Bilderrätsel

(Lösungen auf Seite 83)

Schreiben Sie die angegebenen Buchstaben der spanischen Wörter
in die Kästchen.

Spanisches Feriengebiet:

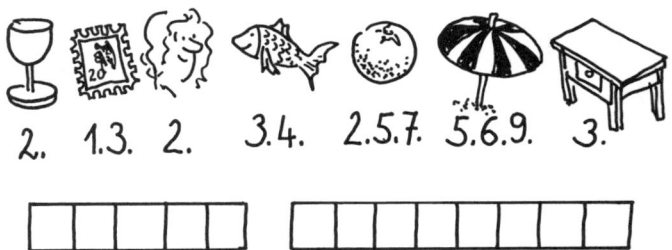

2.   1.3.   2.   3.4.   2.5.7.   5.6.9.   3.

Spanischer Romanheld

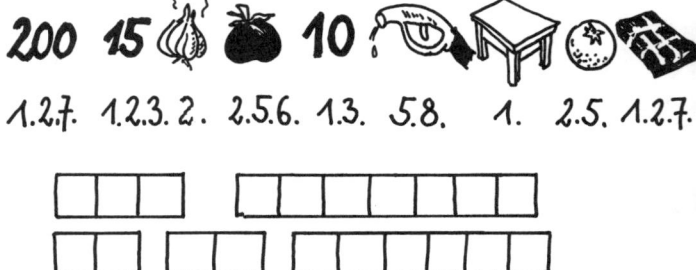

1.2.7.   1.2.3.2.   2.5.6.   1.3.   5.8.   1.   2.5.   1.2.7.

Der spanische Name des Entdeckers von Amerika:

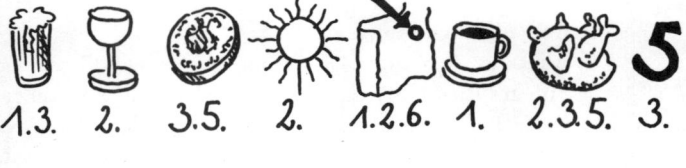

1.3. 2. 3.5. 2. 1.2.6. 1. 2.3.5. 3.

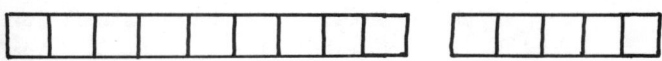

Wichtige Adressen

Botschaft der Bundesrepublik Deutschland
(Embajada de la República Federal de Alemania):
Calle Fortuny, 8, 28004 Madrid

Konsulate (Consulados):
Alicante, Apartado 496; Almería, Centro Comercial Satélites Park HSP, Carretera de Málaga s/n, Aguadulce; 08008 Barcelona, Paseo de Gracia 111; Bilbao-Las Arenas, Calle Gobelas 2, Edif. Res. El Abra; Figueras, Calle Gerona 20−22, 4a; Ibiza, Carrer d'Antoni Jaume, 2−2°−92; Mahón/Menorca, c. Andreu 32; Málaga, Paseo del Limonar 26, Villa Ibis; Muriedas (Cantabria), Apartado de Correos 27; Palma de Mallorca, Baleares, Apartado 183; San Sebastián, Calle San Juan, 14−1° B; Sevilla, Avenida de Ramón de Carranza 22; Tarragona, C. Lluis Companys, 14, 1°; Valencia, Apartado 67; Vigo, Avenida Garcia Barbón 1

Informationen:
Staatliche Spanische Verkehrsbüros sind in
D-4000 Düsseldorf, Graf-Adolf-Straße 81;
D-6000 Frankfurt, Bethmannstraße 50−54;
D-8000 München, Oberanger 6.

Botschaft der Republik Österreich
(Embajada de la República de Austria):
Madrid, Paseo de la Castellana 91

Konsulate (Consulados):
Barcelona, Calle Mallorca 286; Bilbao, Avenida Zuga-
zarte 37; Gerona, Calle Barcelona 43; Málaga, Casa
INTI, Calle Occidente s/n, Benalmadena Costa; Sevilla,
Marqués de Paradas 26; Valencia, Calle Francisco
Cubells 43; Palma de Mallorca, Plaza Olivar 7/2/d

Informationen:
Das Staatliche Spanische Verkehrsbüro ist in
A-1010 Wien 1, Rotenturmstraße 27

Schweizerische Botschaft
(Embajada suiza):
Madrid, Calle Núnez de Balboa 35

Konsulate (Consulados):
Barcelona, Gran Vía de Carlos III 94, 7°; Las Palmas,
Calle el Cid, 38/40; Málaga, Puerta del Mar 8; Palma de
Mallorca, Paseo de Mallorca 24

Informationen:
Ein Staatliches Spanisches Verkehrsbüro befindet sich in
CH-8008 Zürich, Seefeldstraße 19;
CH-1207 Genf 1, 67, rue du Rhône.

humboldt BÜCHER, DIE ZUR SACHE KOMMEN!

Die aktuellen, illustrierten und praktischen Humboldt-Taschenbücher bieten in 6 Themengruppen
ein umfassendes Programm:
Praktische Ratgeber, Kochen, Freizeit-Hobby-Quiz, Sport, Sprachen, Moderne Information.
Eine Auswahl der Titel stellen wir Ihnen vor. Bandnummer in Klammer.

Praktische Ratgeber

Haushalt
Partybuch (231)
Küchenkräuter-Garten (476)
Küche und gesunde
 Ernährung (482)
Advent u. Weihn.feiern (511)

Getränke
Mixgetränke (218)
Deutsche Weine (361)
Alkoholfreie Mixgetränke (396)

Kind und Erziehung
Vornamen (210)
Unser Baby (233)
Schwangerschaft/Geburt (392)
Schwangerschafts-
 Gymnastik (468)

Tips für Kinder
Kinderspiele (47)
Was Kinder basteln (172)
Was Kinder raten (193)

Gesundheit
Erste Hilfe (207)
Kneippkur (230)
Autogenes Training (336)
Rückenschmerzen (339)
Heilpflanzen (342)
Guter Schlaf (354)
Heilmassage (355)
Rheuma (364)
Allergien (365)
Hautkrankheiten (388)
Sauna (406)
Heilfasten (407)
Kopfschmerzen (408)
Naturheilkunde (410)
Entspannungs-Training (430)
Depressionen (431)
Bandscheibenbeschwerden (442)
Schluß mit dem Streß! (452)
Frauenkrankheiten (455)
Selbsthilfe durch Autogenes
 Training (466)
Elektro-Akupunktur (480)
Kranke Seele (484)
Biorhythmus (494)
Gesund+fit (501)
Massage-ABC (507)

Autogenes Training
 und Meditation (510)
Häusliche Krankenpflege (516)
Hämorrhoiden +
 Darmleiden (534)
Chinesische Atem- und
 Heilgymnastik (534)
Homöopathie (553)
Vielbewährte Hausrezepte
 und Heilmittel (562)
Erfolgsgeheimnis Selbst-
 hypnose (571)
Schluß mit dem
 Rauchen! (572)

Schönheit
Schönheitstips (203)
Schönheitspflege (343)
Welche Farben stehen mir (577)

Praktische Lebenshilfe
Leichter lernen (191)
Traumbuch (226)
Reden f. jeden Anlaß (247)
Handschriften deuten (274)
Angst erkennen (276)
Gästebuch (287)
Gutes Benehmen (303)
Partnerwahl (312)
Gedächtnis-Training (313)
Superlearning (491)
Alkohol – das Problem (497)
Testament und Nachlaß (514)
Unterhalt zahlen (515)
Hochzeitsratgeber (529)
Prüfe Deine Menschen-
 kenntnis (531)
Mietrecht knapp + klar (532)
Schlank werden (550)

Computer
Datenverarbeitung (200)
Mikroprozessoren (338)
Tischcomputer (415)
BASIC Anfänger (456)
Bildschirmtext (457)
Schachcomputer (465)
BASIC Fortgeschrittene (496)
BASIC Dialekte (524)
Lernen mit dem
 Homecomputer (525)
Spielend Programmieren (526)
Programmiersprache
 PASCAL (551)

So finde ich den richtigen
 Computer! (564)

Briefe schreiben
Geschäftsbriefe (229)
Komma-Lexikon (259)
Briefe besser schreiben (301)
Liebesbriefe schreiben (377)
An Behörden schreiben (409)
Gutes Deutsch – der Schlüssel
 zum Erfolg! (535)
Musterbriefe für den
 persönlichen Bereich (538)
Dichten und Reimen (545)

Beruf
Buchführung (211)
So bewirbt man sich (255)
Eignungstests (463)
Existenzgründung (498)
Sich bewerben und
 vorstellen (537)
Eignungs- und
 Persönlichkeitstests (548)
Arbeitszeugnisse (573)
Prüfungen mit Erfolg! (582)

Fotografieren
Fotolexikon (308)

Zimmerpflanzen/Blumen
Zimmerpflanzen (270)
Kakteen (271)
100 schönste Kakteen (370)
Die schönsten Zimmerpfl. (428)
Wenn Zimmerpflanzen
 nicht gedeihen (549)

Haustiere
Katzen (212)
Dackel (224)
Wellensittiche (285)
Goldhamster, Meer-
 schweinchen u. a. (289)
Schäferhunde (298)
Wie erziehe ich m. Hund (371)
Aquarienfische (447)
Katzenrassen (506)
Welcher Hundetyp (512)
Meine Wohnungskatze (536)
Was will meine Katze mir
 sagen? (557)

Sprachen

Englisch
Englisch in 30 Tagen (11)*
Englisch für Fortgeschr. (61)
Englisch – Bild für Bild (296)
Englisch – jetzt in Comics (578)
Englischer Basis-Wortschatz (574)

Französisch
Französisch in 30 Tagen (40)*
Französisch für Fortgeschr. (109)

Französisch – Bild für Bild (297)
Französisch – jetzt in Comics (579)

Spanisch
Spanisch in 30 Tagen (57)*
Spanisch – Bild für Bild (345)
Spanisch – jetzt in Comics (581)

Italienisch
Italienisch in 30 Tagen (55)*

Italienisch f. Fortgeschr. (108)
Italienisch – Bild für Bild (344)
Italienisch – jetzt in Comics (580)

Weitere Sprachen
Russisch in 20 Lektionen (81)
Dänisch in 30 Tagen (124)
Serbokroatisch für den Urlaub
 in Jugoslawien (183)
Griechisch für den Urlaub (373)

Die mit * versehenen Sprachentitel gibt es auch als Buch mit Übungscassette: Englisch (800), Französisch (801),
Italienisch (802), Spanisch (803).

── HUMBOLDT-TASCHENBUCHVERLAG · MÜNCHEN ──